AF252520

DISCOURS

DE M. DE LAMOIGNON,

GARDE DES SCEAUX DE FRANCE,

A la Séance du Roi au Parlement le 19 Novembre 1787.

MESSIEURS,

LE ROI apporte lui-même aujourd'hui à son Parlement un Edit qui ordonne l'ouverture des Emprunts successifs, destinés pendant la durée de cinq ans, à correspondre à ses engagements & à ramener l'ordre dans ses Finances.

En assistant à votre délibération, Sa Majesté vient s'environner avec confiance de vos lumieres & de votre amour.

Elle veut écouter vos avis pour le bien de son État; & avant de les avoir entendus, assez rassurée par ses intentions pour ne pas croire avoir besoin d'employer son autorité, Elle vous permet d'opiner à haute voix en sa présence.

Vous venez, Messieurs, de donner au Roi un témoignage récent & solemnel de l'obéissance que vous devez à ses ordres suprêmes.

A

Sa Majesté a reconnu avec satisfaction , dans l'enregistrement de la prorogation & de l'exacte perception d'un impôt que son cœur est impatient de remettre à ses peuples, le zèle & la fidélité des Magistrats qu'Elle réintégra dans leurs fonctions , au commencement de son regne.

Avant de vous instruire du résultat de ses économies & de vous expliquer l'objet de l'Édit dont vous allez entendre la lecture, le Roi m'ordonne de répondre d'abord explicitement au vœu que vous lui avez porté, d'assembler les États-Généraux de son Royaume.

Sa Majesté, justement mécontente d'une demande que vous fondiez sur le prétendu défaut des pouvoirs que vous tenez d'Elle, & qui sembloit avoir le caractere d'une réquisition, que les droits sacrés de son autorité repoussent & réprouvent, n'a pas voulu jusqu'à présent s'arrêter à cette question , pour ne se point distraire du but qu'Elle se proposoit & qu'Elle veut atteindre.

Mais la dignité du Trône ne permet pas à Sa Majesté de garder sur cet objet un plus long silence , & le moment est enfin arrivé de confronter les demandes des Cours avec les principes de la Monarchie.

Sa Majesté doit à la Nation, à ses Descendants, Elle se doit à Elle-même , de ne souffrir jamais que l'autorité que Dieu a mise dans ses mains , éprouve la plus légère altération , & qu'elle soit méconnue par ses propres Officiers, qui en ont toujours été les premiers défenseurs.

D'abord, Messieurs, il vous étoit facile de prévoir que la juste considération dont jouit le premier Parlement du Royaume , propageroit la doctrine nouvelle & irréfléchie que vous adoptiez , & établiroit un concert dangereux entre vos principes & les réclamations des autres Cours de Juſtice du Royaume.

Cette commotion générale pouvoit vous préparer les regrets les plus amers, en excitant dans les eſprits une fermentation très-contraire à vos vues.

En blâmant l'exemple que vous donniez à ſes Tribunaux, Sa Majeſté n'a point douté de votre retour aux vrais principes ; ils ſont gravés dans le cœur de tous ſes Sujets , & s'ils pouvoient jamais s'y altérer , ce ſeroit dans ſon Parlement de Paris que le Roi devroit être ſûr de les retrouver dans toute leur pureté primitive.

Ces principes univerſellement admis par la Nation , atteſtent *qu'au Roi ſeul appartient la puiſſance ſouveraine dans ſon Royaume* ;

Qu'il n'eſt comptable qu'à Dieu ſeul de l'exercice du pouvoir ſuprême ;

Que le lien qui unit le Roi & la Nation eſt indiſſoluble par ſa nature ;

Que des intérêts & des devoirs réciproques entre le Roi & ſes Sujets , ne ſont qu'aſſurer la perpétuité de cette union ;

Que la Nation a intérêt que les droits de ſon Chef ne ſouffrent aucune altération ;

Que le Roi eſt Chef ſouverain de la Nation & ne fait qu'un avec elle ;

Enfin, que le pouvoir légiſlatif réſide dans la perſonne du Souverain , ſans dépendance & ſans partage.

Tels ſont, Meſſieurs, les principes invariables de la Monar-chie Françaiſe. Le Roi ne les a point puiſés dans une ſource qui puiſſe être ſuſpecte à ſon Parlement. Sa Majeſté les a trouvés littéralement conſacrés dans votre arrêté du vingt Mars mille fept cent foixante-fix, dont je ne fais que vous répéter ici les paroles.

Il réfulte de ces anciennes maximes nationales, atteftées à chaque page de notre Hiftoire, qu'au Roi feul appartient le droit de convoquer les États-Généraux ;

Que lui feul doit juger fi cette convocation eft utile ou néceffaire ;

Qu'il n'a befoin d'aucun pouvoir extraordinaire pour l'adminiftration de fon Royaume ; qu'un Roi de France né pourroit trouver dans les Repréfentants des trois Ordres de l'État, qu'un confeil plus étendu, compofé des Membres choifis d'une famille dont il eft le Chef, & qu'il feroit toujours l'Arbitre fuprême de leurs repréfentations ou de leurs *doléances*.

Cette prérogative de la Couronne que vous avez tous fait, Meffieurs, le ferment de défendre, fuffira toujours au Roi pour n'envifager les Etats-Généraux de fon Royaume, que comme *les grands jours* de l'amour des Français pour leur Souverain.

Sa Majefté ne redoutera donc jamais de fe voir à la tête d'une Nation qu'Elle aime, dont Elle eft aimée, & fur laquelle fon Augufte Famille règne depuis huit cent ans.

Eh ! N'eft ce pas, Meffieurs, la bonté paternelle avec laquelle le Roi a voulu fe rapprocher de fa Nation, qui vous a fuggéré à vous-mêmes la penfée de folliciter les Etats-Généraux ?

C'eft fans aucune réclamation antérieure, que Sa Majefté a apelé, de fon propre mouvement, les Notables de fon

Royaume autour du Trône, pour les confulter fur fes pro-
jets d'adminiſtration & fur les beſoins de l'État.

Depuis plus d'un ſiècle & demi, cet uſage national étoit
tombé en déſuétude, ſous les deux plus longs règnes de la
Monarchie ; & quoiqu'on eut vu ſous deux minorités des orages
très-allarmants ; quoiqu'on eut vu ſous ces deux règnes de grands
changements & de grandes révolutions, des impoſitions
auparavant inconnues, des factions, des batailles perdues,
l'ennemi dans l'intérieur du Royaume, des déſaſtres publics de tout genre, aucune voix ne s'étoit élevée durant
un ſi long intervalle, pour réclamer les conſeils d'une partie
de la Nation dans ces moments de criſe ; & cette grande
penſée attendoit pour éclorre, que le zèle du bien public
dont le Roi eſt animé, vint devancer le vœu de ſes Peuples.

A peine le Roi a-t-il réuni les Notables de ſon Royaume,
qu'il leur a propoſé, par la ſeule inſpiration de ſa bonté,
d'établir dans toute la France, des Aſſemblées Provinciales, qui lui
feront plus utiles ſans doute que n'ont jamais pu l'être les
Etats-Généraux.

Ce nouveau lien d'intérêts, toujours ſubſiſtants entre
le Monarque & les Peuples, a été béni dans tout le Royaume,
comme un grand bienfait national, qui ſuffiroit pour immor-
taliſer le règne de Sa Majeſté.

Des faits ſi récents atteſtent aſſez combien le Roi aime à
communiquer avec ſa Nation.

Mais plus le Roi ſe montre bon, quand il ſe livre aux ſeuls mou-
vements de ſon cœur, plus il ſaura ſe montrer ferme quand il
pourra entrevoir que l'on abuſe de ſa bonté pour conteſter

fes droits, ou pour exercer fur fes réfolutions quelque apparence de contrainte.

Après cette réponfe que le Roi devoit à vos remontrances & à vos arrêtés, Meffieurs, Sa Majefté veut faire connoître à fon Parlement quelques détails fur les économies & les bonifications qu'Elle vient d'opérer, & le convaincre de la certitude qu'Elle a de fubvenir à toutes les dépenfes néceffaires, fans manquer à fes engagements.

Toute la Nation eft témoin des retranchements & des facrifices qu'a faits le Roi pour rétablir l'ordre dans fes finances, ainfi que des mefures qu'il prend pour le perpétuer.

La rigueur des économies eft telle, Meffieurs, que vous n'euffiez pas ofé la demander vous-mêmes.

Le compte des finances, que Sa Majefté a promis de faire publier tous les ans, va paroître dans les commencements de l'année prochaine; & chaque année il fera perfectionné par les précautions que Sa Majefté a ordonnées, pour fixer & réduire les dépenfes de tous les Départements.

Le Roi a arrêté que le compte particulier du Département de la Guerre, le plus difpendieux de tous, & le plus fufceptible de réformes, feroit publié à part chaque année, par le Confeil de la Guerre, qui va porter la lumiere & l'économie fur tous les détails.

Sa Majefté n'a encore que des apperçus généraux fur les Départements fi importants de la Guerre & de la Marine.

Mais déja le Roi eft affuré d'y trouver environ vingt-cinq millions d'économie, fans diminuer fes forces pour le double fervice de terre & de mer.

La retenue à laquelle le Roi s'eft déterminé à regret, pendant cinq années, fur les Penfions, & qui eft un impôt qu'il fe voit obligé d'établir fur fes propres bienfaits, excédera cinq millions.

Les retranchements fur les Ecuries du Roi, montent audelà de trois millions.

Les dépenfes de la Maifon du Roi & de la Famille Royale, ont déja fubi un retranchement de plus de deux millions; & celles de la Maifon de la Reine ont été diminuées de neuf cent mille livres, par un travail perfonnel de cette augufte Princeffe, qui, en ordonnant cette réduction prompte & volontaire, s'eft empreffée de marquer fon zèle pour le bien public.

Les Bureaux du Confeil, ou les Bureaux particuliers des Finances, ont fourni au Roi une économie annuelle de fept cent mille livres.

La dépenfe des Bâtiments fera diminuée, au moins d'un million, dès l'année prochaine, & ramenée, comme toutes les autres, au niveau des befoins réels.

Les arrrangements arrêtés avec la Recette générale, les Fermiers & les Régies, ont produit une bonification de trois millions.

Les conventions ftipulées avec les Adminiftrateurs de la Pofte aux Lettres, & de la Pofte aux Chevaux, indépendamment des dédommagements paffagers qu'elles néceffitent, augmentent le revenu du Roi, au moins d'un million.

Si l'on ajoute à ces bonifications & à ces réformes, les économies qui frappent fur des parties moins importantes, mais qui font maffe par leur réunion;

Si l'on y ajoute une réduction de neuf millions qu'on a retranchés de l'article des dépenfes imprévues;

Si l'on y ajoute enfin les réformes qui vont être faites fur tous les détails qui en feront fufceptibles, il fera évident qu'en fuivant le même fyftême d'ordre & d'économie, dont les effets font incalculables, le Roi furpaffera, d'une maniere fort fupérieure aux efpérances de la Nation, les reffources qu'il comptoit trouver dans l'économie.

Il eft vrai, Meffieurs, que tous les bénéfices en ce genre, ne font pas effectifs pour le premier moment.

Il eft vrai encore que certains retranchements exigent des rembourfements, qui les rendent d'abord plus onéreux que profitables au Tréfor public.

Mais il n'en eft pas moins démontré que ce bénéfice fera, dès l'année prochaine, affuré pour plus de cinquante millions, & qu'il doit s'élever encore au-deffus de cette fomme, dans les années fuivantes.

Je m'arrête ici, Meffieurs, je ne peux plus me défendre d'une réflexion qui m'attendrit. Je m'eftime heureux dans ce moment d'être l'organe de cette promeffe du Roi ; & je regarde comme le plus beau jour de ma vie, celui où je peux annoncer à la Nation, avec la plus ferme affurance, un fi grand bienfait de fon Souverain.

Pour donner à fes Peuples une nouvelle preuve de fon amour, Sa Majefté veut que l'on procéde à la perception plus exacte des vingtiemes, avec une modération qui rendra l'augmentation de cet impôt plus lente & moins productive.

Mais le Roi ne regrettera jamais les tempéraments que lui fuggérera fa bonté, pourvu qu'il puiffe remplir fes engagements envers les Créanciers de l'État.

L'accroiffement

L'accroiffement du revenu public ne peut donc être que progreffif.

L'augmentation de l'impôt ne fera effective pour le Tréfor public, qu'à la fin de l'année mil fept cent quatre-vingt-huit.

Les préparatifs de guerre, auxquels le Roi s'eft vu récemment obligé, pour affurer la confervation de la paix, ont encore augmenté les befoins & les dépenfes de l'année courante, & ils néceffiteront un équivalent de fonds pour le remplacement.

Toutes ces confidérations & ces caufes réunies, ont obligé Sa Majefté d'élever le premier emprunt qui va s'ouvrir, au-deffus de ceux qui le fuivront.

Ces emprunts ont été annoncés durant les délibérations de l'Affemblée des Notables ; & le Roi déclare aujourd'hui qu'ils fe renouvelleront chaque année pendant cinq ans.

Au défaut d'emprunts, il eût fallu néceffairement recourir à des impôts, ou à des fufpenfions, à des diminutions, dont la néceffité la plus abfolue, eft toujours une fource amère & féconde de regrets, d'injuftices & de malheurs, fous quelques noms qu'on les déguife.

Le feul inconvénient feroit que ces emprunts ne répondiffent pas aux befoins réels ; mais tous les calculs certifient que leur quotité les furpaffera ; & pour lors, l'excédent fera employé à diminuer les fervices particuliers qui alimentent le Tréfor Royal, & à éteindre les anticipations qui l'épuifent.

L'emploi de ces excédents, s'ils ont lieu, fera connu par le compte publié annuellement, qui en énoncera l'application.

Par la nature & l'étendue des engagements de l'État, il eft

prouvé à Sa Majesté, que, sans sacrifier l'avenir au préfent, des Emprunts succeffifs employés à la libération du Royaume, fous l'infpection immédiate de la Chambre des Comptes, & combinés de manière à s'éteindre graduellement les uns par les autres, ne feront point une nouvelle charge pour la Nation.

Le Roi fixera chaque année le taux de ces Emprunts, & il en déterminera la forme de la manière la plus fatisfaifante pour les Prêteurs.

Le plan adopté par le Roi, pour rétablir l'ordre & commencer la liquidation de l'État, exige pour fon parfait développement, un période de cinq années.

Toutes les opérations de finances font réglées conformément à ce calcul.

C'eft dans cinq ans que doivent expirer les baux & les régies.

C'eft pour la durée de cinq ans que le Roi a prorogé le fécond vingtième, qui étoit déja établi jufqu'en mil fept cent quatre-vingt-dix.

C'eft pour cinq ans qu'il a ordonné une retenue relative fur les penfions.

Ces divers plans de Sa Majefté, qui fe rapportent tous à une véritable unité de principes & de vues, font développés dans le préambule de fon Edit, avec une clarté & une loyauté qui doivent infpirer une confiance univerfelle.

Ainfi la fortune publique fera évidemment affurée pendant ces cinq années; & dans cet intervalle, les économies fe perfectionneront, & produiront tous les bénéfices qu'il eft poffible d'efpérer fans illufion.

La répartition égale des vingtièmes aura été établie par les Affemblées Provinciales.

Des améliorations utiles auront été exécutées ; sans surcharger les peuples, dans toutes les branches des revenus publics.

Et avant que ce période de la régénération des finances soit révolu, Messieurs, le Roi se propose de communiquer à la Nation assemblée, tout ce qu'il aura fait pour son bonheur, & les mesures qu'il aura prises pour le rendre durable.

Ce sera au milieu des États-Généraux de son Royaume, que Sa Majesté, entourée de ses fideles Sujets, pourra leur présenter avec confiance le consolant tableau de l'ordre établi dans ses Finances, de l'Agriculture & du Commerce réciproquement encouragés sous les auspices de la liberté, d'une Marine redoutable, de l'armée régénérée par une constitution plus économique & plus militaire, des abus détruits, d'un nouveau Port formé dans la Manche pour assurer la gloire du Pavillon Français, des loix réformées, de l'éducation publique perfectionnée & florissante, du soulagement des peuples préparé par les nobles sacrifices du Souverain, enfin de tous les établissements destinés à rendre indépendants des hommes, & stables comme la loi, les divers genres de bien qui doivent perpétuer dans cet Empire la félicité publique.

Le grand acte de législation que le Roi vient de vous annoncer, Messieurs, pour accorder un état civil à ceux de ses Sujets qui ne professent pas la Religion Catholique, va concourir avec ses plans d'administration, dont vous venez d'entendre le développement, à la splendeur de la France, & au bonheur des peuples.

Le Législateur en observant les abus qui invoquent le remède des loix, a vu qu'il falloit nécessairement, ou profcrire de fes États la portion nombreufe de fes Sujets qui ne profeffe pas la Religion Catholique, ou lui affurer une exiftence légale.

Dans une pareille alternative, l'option du Roi n'étoit pas difficile à prévoir ; & fa fageffe ne pouvoit héfiter que fur le choix des moyens.

Le Roi a concilié, dans la nouvelle Loi, les droits de la nature avec les intérêts de fon autorité & de la tranquillité publique.

Sa Majefté ne veut point d'autre Culte public dans fon Royaume, que celui de la Religion Catholique, Apoftolique & Romaine. Cette Religion fainte dans laquelle le Roi eft né, fous laquelle le Royaume a été floriffant, fera toujours la feule Religion publique & autorifée dans fes Etats.

Sa Majefté prefcrit les formes légales qui doivent conftater la naiffance, les mariages & la mort de fes Sujets non Catholiques ; & Elle borne fa juftice à leur égard à ces facultés primitives, qui font un droit facré de la nature, plutôt qu'un bienfait arbitraire de la Loi.

Toute la partie éclairée de la Nation follicitoit depuis long-tems cette Loi, que Sa Majefté n'a foufcrite qu'après les plus mûres délibérations.

Aux grands avantages qui doivent en réfulter pour la Population, pour l'Agriculture, pour le Commerce & pour les Arts, fe joindre encore celui de ne plus voir de contradiction entre les loix & la nature, entre les loix & les mœurs, entre les loix & les jugements des Tribunaux, enfin entre les fuppofitions des Ordonnances & l'évidence invincible des faits.

Les Sujets non Catholiques du Roi feront protégés par des loix qui affureront leur état , fans les rendre dangereux ; & la fage tolérance de leur Religion , aìnfi reftrainte aux droits les plus inconteftables de la nature humaine , ne fera point confondue avec une coupable indifférence pour tous les cultes.

Mais pour ne laiffer aujourd'hui , Meffieurs , aucune de vos réclamations fans réponfe , Sa Majefté veut vous communiquer avec bonté les motifs qui l'empêchent d'acquiefcer aux vœux que vous avez portés aux pieds de fon Trône , en faveur du Parlement de Bordeaux.

Les principes généraux fur lefquels font fondées vos refpectueufes Repréfentations , ne fauroient s'appliquer aux circonftances actuelles.

D'abord , Meffieurs , une tranflation ne préfente aucune irrégularité. Le Roi n'a point interrompu l'exercice de la juftice , en transférant fon Parlement de Bordeaux , en corps de Cour . dans l'une des villes de fon reffort . avec toute la plénitude de fes fonctions.

Nos Souverains ont fouvent affigné diverfes réfidences à cette même Cour ; & Elle n'a vu jufqu'à préfent aucune infraction à la Capitulation de la Guienne , dans les ordres du Roi qui l'ont éloignée pendant plufieurs années de la Capitale de cette Province.

Mais cette Compagnie qui femble vouloir ainfi difputer à fon Souverain , le droit de la transférer quand le bien de fon fervice l'exige , fe croit-elle donc autorifée à exercer fes fonctions , fans la participation du Roi , & à fe transférer elle-même hors de la ville de Bordeaux ?

Il est difficile de ne pas lui attribuer cette étrange inconséquence, quand on lit les divers Arrêtés qu'elle a publiés.

Une pareille prétention n'a besoin que de se manifester pour être confondue.

Puisque vous n'avez vu d'abord, Messieurs, dans cette translation également sage & légale, qu'un acte *purement arbitraire*, des réflexions plus approfondies vous convaincront que l'autorité se devoit à elle-même un tel exercice de ses droits, & qu'elle a dû donner au Parlement de Bordeaux cette marque publique de son mécontentement.

Ce Parlement n'a pas osé s'élever ouvertement contre le vœu unanime du Royaume qui demande les Assemblées provinciales ; mais il a prétendu qu'il ne pouvoit pas vérifier l'Edit de leur établissement, jusqu'à ce que le Roi eut fait présenter à l'enregistrement le Réglement définitif qui doit en déterminer la forme, & en régler les facultés.

Le Roi a déjà publié un Réglement provisoire pour les Assemblées provinciales, & il a annoncé qu'il le consacreroit irrévocablement par l'enregistrement dans ses Cours, lorsque l'expérience de quelques années en auroit garanti les dispositions.

Une circonspection si paternelle ne sembloit devoir exciter dans la Magistrature que des applaudissements & des hommages de reconnoissance.

Sa Majesté a considéré en effet, que ces Assemblées naissantes & soumises à des essais incertains, n'étoient pas encore susceptibles d'une constitution invariable ;

Que formées d'abord par les choix du Roi, elles avoient

befoin de le renouveller par des Elections ; pour recevoir leur forme morale & repréfenter le vœu des Peuples ;

Qu'il ne falloit pas fe priver des lumières de l'expérience, en adoptant avec précipitation un Réglement expofé à toutes les repréfentations des Affemblées Provinciales ;

Que déjà les obfervations & les demandes des Provinces & des Parlements, n'étoient pas uniformes ;

Enfin que dans trois ans, les Affemblées Provinciales auroient leur organifation, & que le Légiflateur devoit s'être affuré des bons effets d'un Réglement public, avant de lui donner fans néceffité la fanction des loix.

Vous avez fenti, Meffieurs, la fageffe & l'évidence de ces confidérations. Les mêmes obfervations ont fuffi pour raffurer le Parlement de Rouen. Vous n'avez vu aucun piége caché dans la prudence du Gouvernement, & vous n'avez point montré à votre Roi cette méfiance offenfante, qui calomnie fes intentions, en méconnoiffant fes bienfaits.

Loin d'imiter l'exemple de foumiffion & de confiance que vous lui avez donné, le Parlement de Bordeaux a répondu à l'Edit & aux ordres réitérés du Roi, par un Arrêt de défenfe, qu'il a fait fignifier aux Affemblées Provinciales, de fe former dans fon reffort.

C'eft un attentat également contraire à la raifon, au bien public, au refpect dû à Sa Majefté, & à l'obéiffance qu'Elle a droit d'attendre de fes Tribunaux.

Quand nos Rois ont établi les Parlements, Meffieurs, ils ont voulu inftituer des Officiers chargés de la diftribution de la juftice & du maintien des Ordonnances du Royaume,

& non pas élever dans leurs États une puissance rivale de l'Autorité Royale.

Sa Majesté examinera avec l'amour de la vérité qui la caractérise, les Remontrances que son Parlement de Bordeaux vient de lui adresser ; mais c'est de sa seule soumission aux ordres qui lui ont été notifiés, que cette Compagnie doit attendre le retour des bontés du Roi.

A PARIS,

DE l'IMPRIMERIE DE PHILIPPE-DENYS PIERRES,
Premier Imprimeur Ordinaire du Roi.